AF232292

DEUX SOLDATS LABOUREURS

ET

L'ALGÉRIE EN 1866

PAR LE CAPITAINE

TOUTTAILLE

TARBES

Imprimerie de PERROT-PRAT, place Marcadieu.

—

1866.

DEUX SOLDATS LABOUREURS

ET

L'ALGÉRIE EN 1866

PAR LE CAPITAINE

TOUTTAILLE

> Nul ne peut agir dans la plénitude
> de ses facultés et de sa puissance,
> s'il n'a brisé toute entrave.

Le second dimanche de ce joli mois de mai, 1866, au sortir de la place d'un des plus humbles villages des Hautes-Pyrénées, et comme je me dirigeais vers mon modeste repas de midi, j'entendis une voix forte et vibrante tonner mon nom au milieu de la foule catéchisée. Jamais, je crois, cette pauvre étiquette accolée à mon humble personne, n'avait fait autant de bruit dans le monde. Cette voix, si puissante encore, était pourtant un tant soit peu chevrotante et rauque. La première de ces imperfections lui venait des ans, et la deuxième

---

(*) Une rencontre entre deux anciens soldats d'Afrique a donné lieu à une conversation qui, tout en effleurant certaines imperfections, certaines lacunes sociales, est devenu la substance elle-même de ce petit aperçu sur l'état actuel de notre colonie algérienne.

Dans la première partie de ce travail, l'auteur a conservé la forme et le style familiers du principal interlocuteur, pour arriver dans la seconde à des considérations et à l'exposition de moyens sérieusement énoncés, et qui ont pour objet l'assimilation, la colonisation sérieuses et complètes de ce pays qui nous tient en échec depuis plus de trente-cinq ans.

des libations nombreuses, régulières et continues que, malgré l'oïdium qui a sévi et qui sévit encore dans la contrée, lui fournissait un fort beau carré de vigne, ma foi.

Bref! le propriétaire de cette voix était un ancien caporal, cantinier d'un des régiments de la division Loverdo, pendant l'expédition de 1830, en Afrique, et, en ce moment, laboureur-propriétaire au pays.

Pour l'intelligence de ce qui va suivre, je dois dire que l'auteur a eu l'honneur de faire cette campagne d'abord en qualité de conscrit, et de sergent-major ensuite.

— Pardon, major, me dit l'ex-cantinier en m'abordant, nous avons reçu une lettre de mon petit-fils, qui est maintenant en train d'expéditionner du côté du désert, vous savez bien, là où nous avons aussi brûlé des cartouches et mangé du chameau dans notre temps. Comme M. le curé et le maître d'école disaient la messe, et que le Conseil municipal était entrain de discuter sur la neige de l'an passé, il n'y avait plus personne dans la commune qui fut capable de lire la lettre que voici. Alors je me suis souvenu, qu'en votre qualité de major, vous aviez la plume, et je suis venu vous trouver pour que vous me lisiez le babillard que le facteur vient de remettre à la veuve de feu mon fils, l'ancien sapeur. A ces mots, le vieux troupier me remit la lettre et porta l'index de sa main droite dans la ride profonde que produisait le froncement de ses sourcils, signe non équivoque de l'importance qu'il attachait à la pensée qu'il allait traduire. Puis, levant les yeux sur moi: Savez-vous, dit-il, que malgré tout ce qu'on a fait, et tout ce qu'on fera pour radouber la vieille tartane sur

laquelle nous balottons, il y aura toujours quelques
trous à boucher? Voyez ces pauvres facteurs! En voilà
une classe d'expropriés à perpétuité. Vous savez bien
le facteur rural, ce juif-errant, en chair et en os, que
la loi de 1814, sur le repos forcé, laisse passer, passer
toujours sans lui offrir un siége quelconque, et qui
parcourt tous les jours que le bon Dieu fait, dimanches,
fêtes et autres, sans merci, sans trêve, sans repos,
durant tous les ans de sa vie vivante, de trente à
trente-cinq kilomètres par jour, dans la boue, la neige,
la pluie ou le soleil, et cela pour vingt-cinq à trente
sous par jour. Et pourtant, pour lui donner un jour de
repos par semaine, accordé ou imposé à tous les autres
individus amarrés au joug de la vie sociale, y compris
mes vaches mascarine et mourette, il suffirait de nom-
mer un facteur de plus par canton. Il faut vraiment que
les chefs n'y aient pas songé. Vous qui avez la plume,
racontez-moi cela, et faites-le mouler à la ville, à séule
fin de réveiller l'esprit d'humanité et de justice qui
s'endort quelquefois, en haut et en bas. Nous verrons,
lui dis-je; mais comment se fait-il qu'il n'y ait personne dans votre commune, en dehors de l'Eglise et du
Conseil, qui puisse lire une lettre? Oh! s'écria-t-il,
même dans le Conseil. Et ne criez pas tant, major, il
en est de même chez vous. Je penchai la tête et il
reprit : C'est tout de même étonnant, qu'en 1866 il en
soit ainsi. Mais il paraît que les chefs, grands et petits,
aussi bien que ceux qui les houspillent quelquefois,
sont d'accord pour pousser hardiment la chose, à seule
fin de faire de nos paysans et de nos artisans, des
hommes entiers, des Français de France au grand
complet quoi! De manière que nos fils sauront lire et

écrire ; ils sauront ce qu'ont fait leurs devanciers, et aussi leurs droits et leurs devoirs. *Amen*, répondis-je, puis je l'invitai à venir partager mon agreste dîner. A vos ordres, major, dit le vieux, et nous nous dirigeâmes vers la modeste cuisine que Rose, la métayère, remplissait de sa bonne grâce, de son exquise propreté et de son talent d'intuition, bien plus que de plats nombreux et recherchés. Là nous attendait une forte soupe au pain bis qu'avait œillée une cuisse d'oie qu'on voyait flanquée de légumes verts, dans une assiette de terre brune. Un quartier de chevreau piqué et parfumé à ces perles d'Orient, qu'en langue barbare on appelle gousses d'ail, complétait le menu solide du dîné

Une énorme bouteille noire, pleine du vin généreux et abondant de l'année, étalait, sur la massive table de chêne que recouvrait en partie un linge blanc, son ventre mat et replet.

Il n'y avait point de carafe.....

Nous nous mîmes à table. Après la soupe et le terrible coup d'avant-garde, appelé chabrot, la conversation ayant enfourché tout naturellement le dada des vieux soldats, parcourut dans les nuages des vieux souvenirs, et les pluies de mitraille, de bombes, de boulets et d'obus, et les charges à la baïonnette, et les assauts furieux, et les rapides amours, et les faits de guerre plus ou moins fantastiques ou impossibles.

Arrivés, sans intermédiaires, du bouilli au rôti : Major, dit l'ancien caporal, toutes les fois que je puis parler de mes campagnes, il me semble que je mange du poulet. Et je vous dirai, sans compliments, que cette fiction ne sera pas de trop aujourd'hui. Votre soupe et votre bouilli sont salés en diable ! Il est vrai que ça fait boire, mais votre cabri, Dieu me pardonne, est aussi tirant que les étoupes d'un maître calfat.

Comme la majeure partie de ses dents avaient déserté armes et bagages, et que les trois qui lui restaient avaient de soixante-quinze à soixante-seize ans de service, le vieux soldat roulait péniblement dans sa bouche le pain noir de méteil qui datait de huit jours.

— Décidément, dit-il, votre dîner n'est pas fameux, major.

— Il est vrai que les retraités de la mal-heure ne peuvent manger ni beaucoup de pain blanc, ni un peu de boucherie.

— Mais comment se fait-il que dans ce pays d'égalité à mort, il y ait deux poids et deux mesures pour les mêmes grades et les mêmes services ?

— Est-ce que notre dévoûment au pays et le sacrifice de notre vie vivante n'ont pas été complets ? Est-ce que le sang que nous avons versé n'aurait pas la qualité française de celui qui coule ou qui doit couler ? Ce n'est pas cela, lui dis-je, c'est la loi. La loi ! la loi ! reprit-il. Eh bien, quand une loi trouble le magnifique courant de la justice, du droit et de l'égalité, on la met à sec, et l'on en fait une autre, voilà tout !

La bouteille était vide, Rose la remplit. Nous remplîmes et vidâmes nos verres. Bientôt la gamme habituelle monta jusqu'à son plus haut diapason, et nos souvenirs furent vertement promenés de la baie de Sidi-Ferruch et Torré-Chica à Staouïli et le fort l'Empereur ; du sac de Blida au passage de l'Atlas et à Médéa. Et cela, à travers des monceaux de Bédouins que nous renversions comme le moissonneur fait des épis. Nous rappelâmes aussi qu'en ce temps de fougueux caporalisme, les chefs s'occupaient beaucoup plus de nous serrer le cou juspu'à l'étranglement, au moyen d'un carcan noir qu'on appelait col d'ordonnance, que de lester nos ventres affamés ; mais nous allions tout de même.

Nous arrivâmes ainsi à la fin du dîner, dont la pipe et un petit flacon d'eau-de-vie de Caso-heil, furent le dessert et le café.

Pendant que nous mélions ainsi la fumée de nos pipes à la fumée de nos souvenirs et de notre gloire, mon vieux commensal oubliait complètement le but de sa visite. Afin de l'y ramener je lui demandais des nouvelles de sa famille.

» Ma famille, dit-il, eh bien ! vous savez bien, mon fils Eloi Bonaventure, qui était enfant de troupe pendant la campagne, passa soldat en pied quand je quittai le service avec mon petit magot en 1834. Plus tard il fut élevé à la dignité de sapeur, c'était un gaillard à poil ; mais comme il n'avait pas la plume il prit son congé, revint au village où je l'attendais, se maria, eut trois enfants, mourut de dépit et de chagrin, pour avoir trouvé au marché de Trie, une barbe plus longue et plus ébouriffée que la sienne ; ce qui fait que je suis grand-père et père de trois petits-fils, dont une fille. C'est son fils aîné qui, tombé au sort il y a quatre ans, nous écrit pendant qu'il est à la poursuite d'un Sidi quelconque.

» Et savez-vous, ajouta le vieillard, que voilà trois générations de Patrachot successivement employées à conquérir cette conquête, si peu conquise, qu'on appelle la conquête d'Alger ; et que, si cela continue, je ne vois pas de raison pour que, jusqu'à la consommation des siècles, toutes nos générations n'y passent les unes après les autres, à la poursuite des Si et des Sidi n'importe quoi.

» De mon temps, c'était le dey d'Alger et les beys de Titerie, d'Oran et de Constantine. Du temps de mon fils : c'était Sidi Abd-el-Kader et Si Eddin. Du temps de mon petit-fils, ce sont Si Hamza, Si Lala, Si le diable. Tous ces Si ceci, ces Si cela, ces Sidi l'autre, me font l'effet d'abuser furieusement de notre patience.

» Il y a quelque chose là-dessous qu'on n'a pas vu, qu'on ne voit pas, ou qu'on ne veut pas voir ; car enfin, si la France veut elle peut, et je crois même qu'elle doit rendre à la vie humaine, cette terre de paradis, que ces damnés moricaux tiennent depuis plus de mille ans à l'état de marais fangeux, de savannes sauvages, de nids à bêtes et de véritable terre d'enfer.

Après cette tirade l'ancien caporal bourra et alluma sa huitième pipe, prit une large gorgée d'armagnac et, me voyant plein d'attention pour ses boutades du bon sens, il reprit : « L'autre dimanche notre curé nous racontait qu'autrefois un saint chrétien qui s'appelait Augustin, après avoir fait la noce comme toute jeunesse doit faire un petit brin, était devenu curé en pied sur les bords de la Seybouse, vous savez bien là où nous apprîmes la dégringolade de Charles X qui voulait apprendre à la France le pas en arrière qu'elle n'a jamais pu exécuter, quel qu'ait été son instructeur. Eh non, non ! si elle consent à faire halte quelquefois, histoire de prendre haleine, c'est pour reprendre bientôt, et si vigoureusement sa course en avant, que le diable ne l'arrêterait pas.

» Eh bien donc ce brave saint, qui était malin et savant à tout rompre, et qui en remontrait à tous les curés de son temps et aux autres, était là, bien campé dans son presbytère. Il avait des milles et des milliers de paroissiens qui labouraient le salut de leurs âmes et aussi le pays le plus beau, le plus riche et le plus productif de la terre. Donc cette contrée appartenait aux nôtres, à nos devanciers, et ils en avaient soin. Longtemps après la mort du saint, les choses allaient ainsi, lorsque ces infernaux bédouins arrivèrent avec leurs curés sabreurs en tête, pour tout chamberder, tout détruire et tout affoler. Est-ce qu'ils ne barbouillèrent pas un ciel où la femme, après avoir fait notre purgatoire sur la terre, ferait notre paradis là haut ! Il fallait bien avoir la caboche en quartier de lune, comme ce damné Mahomet-ben-Lucifer, pour inventer de semblables impossibilités, mais enfin, malgré tout cela, laissons la femme, elle a bien parfois, son petit et même son gros mérite.

» Ce n'est pas tout : ces maudits blagueurs prétendirent savoir seuls, et au juste, ce que personne n'a jamais su ; c'est-à-dire de quoi il retourne quand nous avons passé l'arme à gauche, et alors, comme ils étaient les plus forts, ils coulèrent le pater et l'ave, et la messe et le confessionnal et le reste ; comme si chacun n'était pas libre de partir du pied droit ou du pied gauche, en avant ou en arrière, à droite ou à gauche en blanc ou en noir, pour présenter ses respects au grand gendarme de l'univers, et voir à sa manière les choses invisibles.

» Ainsi donc, après avoir converti les âmes à grands coups de yatayan, comme ces monstres marécageux ne buvaient que de l'eau de sangsue, ils arrachèrent et brûlèrent la vigne, cette source de consolation et de miséricorde, et convertirent en désert ce pays béni, ce jardin du bon Dieu, de sorte qu'il ne produit plus que des broussailles et des épaulettes, il est vrai que les unes et les autres y croissent et y multiplient à ravir.

. . . .

» Eh bien, puisque ces damnés égorgeurs ne font rien que détruire depuis plus de mille ans, il faut les prier de mieux faire ou de s'en aller. Car enfin, il est clair comme le jour que tous, blancs ou noirs, gelés ou rôtis, comme dit le cantique que nous chantions au bivac, nous sommes sur la terre les fermiers du bon Dieu qui semble avoir choisi la France pour son homme d'affaires, or, le devoir d'un maître d'affaires est de chasser le fermier qui laisse les chardons remplacer le bon grain, surtout quand le fermier est incorrigible, comme le sont ces sauvages vagabonds qui, avec leurs curés pour guides, ne seront jamais que ce qu'ils ont toujours été, des esclaves sanguinaires et des machines à détruire. »

Comme mon homme terminait ce vigoureux anathéme, on m'apporta le journal que je reçois de troisième main pour la commodité de ma bourse de retraité.

— Eh bien, me dit-il, qu'y a-t-il de nouveau?

Je jetai un coup d'œil sur cette grande paperole toute badigeonnée de réclammes, d'annonces, d'enluminures et de grigris. Naguère flambeau à deux foyers, torche ou lumière, marchant droit et ferme ; quelquefois raide et lancinante, mais éclairant toujours le chemin et les précipices, vivant avec et sous la loi comme tout ce qui vit. Et maintenant pâle, courbée, tremblotante, borgne d'un œil, presque aveuglée de l'autre, elle cherche à tâtons le chemin qu'elle montrait aux autres et qu'elle a toujours peur de manquer elle-même.

Après avoir parcouru l'article sur la situation : il y a de nouveau, lui dis-je, que l'europe brouille et embrouille si bien le chanvre de sa vieille quenouille, que l'épée seule pourra en faire retrouver le fil.

— Ah bah ! qu'est-ce que c'est donc ?

— C'est que l'Allemagne soulevée par tous les diables de la politique et de l'ambition, secoue sa vieille somnolence et forme ses légions de combat et que l'Italie bouillonne et veut reprendre possession d'elle-même.

— Ah oui, la politique ! cette noire cachotterie, ou le plus menteur est toujours le plus savant et le plus habile. Parole d'honneur, quand les plus hauts bonnets et les chefs de fils, enseignent et professent un pareil cathéchisme, quand ils donnent aux peuples de semblables leçons de tromperie huileuse, il ne faut plus s'étonner de voir tout falcifié ici-bas, depuis le fromage de gruyère jusqu'aux choses de l'esprit, de la langue et du cœur.

Et puis cette guerre de malheur ! ce sont les maîtres qui la font pousser pour leur intérêt ou leur caprice.

Ce ne sont pas les pauvres peuples, qui ne s'en veulent pas le moins du monde, que leur jargon soit en o, en a ou en i, en chic ou en chac, qui désirent se faire souffrir et mourir les uns les autres. Et malheureusement ça ira comme ça tant qu'ils ne feront pas eux-mêmes leurs propres affaires.

Mais pour revenir à ce brouillamini de la quenouille

dont vous parliez tout à l'heure, je ne crains qu'une chose c'est que votre Allemagne, quand elle sera prête ne se retourne, poussée et accompagnée par la très-sainte cosaquie et par toutes les vieilles perruques de l'europe, contre notre France pour y éteindre le brasier de la vie et de l'avenir des peuples .

— Et alors, lui dis-je ?

— Oh alors ! reprit-il, en France, bleus, blancs, rouges ou gris, ne faisant qu'un, formeraient leurs bataillons, comme au temps des vaillants sabots de nos pères. Alors ! adolescents, jeunes, vieux, cœurs et biens, marcheraient du même pas, car nous sommes comme ces pucelles de l'ancienne Rome dont j'ai entendu parler, *nous sommes les gardiens du feu sacré !!!*. . . . .

. . . .

Là dessus il vida son verre, se leva et chargea sa pipe, mais comme il ne pouvait la faire aller il prit un air triste, boudeur et lança cet aphorisme de corps de garde : ma pipe, dit-il, ressemble à la vie de l'homme. Pourquoi, lui dis-je ? Parce que la vie est une pipe mal chargée ; on arrive au culot avant de l'avoir allumée. Puis il prit son chapeau, son bâton de voyage et me quitta en me raccommandant de faire mouler à la ville notre conversation dont il paraissait très-content, plus content que ne le sera probablement le lecteur. Je lui promis de faire ce qu'il désirait, et le vieux soldat, rajeuni par la bouteille et les souvenirs, s'enfonça dans les bois feuillus en chantant à tue tête « Noirs ou blancs, gelés ou rôtis, etc., » oubliant l'objet de sa visite et la lettre de son petit fils que je lirai plus tard.

2ᵐᵉ PARTIE.

Quelle que soit la puissance de diversion ou d'absorption des événements, qui en ce moment tiennent l'Europe en l'air à la merci des tempêtes politiques et sociales, la France ne doit pas perdre de vue la soumission et l'assimilation matérielles de l'Algérie qui la gêne singulièrement dans ses mouvements et dans son expansion dans le monde.

La prise de possession de la régence d'Alger et la destruction de la piraterie à nos portes, furent un immense service rendu à la sécurité et à la dignité de l'Europe civilisée.

Mais la France, qui fit tous les frais de cette grande entreprise, est encore à attendre la rémunération qu'elle n'a pas pu ou n'a pas su obtenir.

Il y a plus d'un tiers de siècle qu'elle possède l'Algérie, ou plutôt à certains points de vue, qu'elle est un peu possédée par elle.

La France, sur ce sol dit conquis, a établi des camps et des Blokaus, organisé et entretenu des forces considérables pour la surveillance ou la répression. Elle a employé tour à tour les rigueurs excessives de la force, et la modération non moins excessive dans la victoire.

Elle a appliqué les séductions et les douceurs d'une civilisation expansive, éclairée et bienfaisante. Elle a poussé la tolérance de l'esprit du temps non-seulement jusqu'à la protection scrupuleuse des croyances religieuses ; mais encore jusqu'au respect d'un fanatisme sauvage et implacable. Elle a sacrifié à sa nature chevaleresque et à la moralité politique de l'époque, non seulement ses droits, mais encore ses devoirs.

Elle a fondé des villes et des villages, des centres d'action et d'expansion. Elle a creusé et abrité des ports, construit des temples et des monuments. Elle a fondé des écoles et des couvents. Elle a transporté sur cette terre du désordre et de la violence, les admirables rouages de son administration; sa force, sa justice, ses trésors, son sang et la puissance magique de son nom, qui remplit le monde d'attente et d'admiration.

Eh bien ! après tant d'expansions diverses, après tant de travaux, après tant de temps ; quels sont les résultats obtenus dans la réalisation morale et matérielle des légitimes instérêts de la France ? où sont les compensations à des sacrifices qu'on n'ose plus peser tant ils sont lourds et tenaces.

Nous ne voyons rien que la continuation de ces mêmes sacrifices. Et il en sera ainsi tant que nous serons à un titre quelconque les tributaires de notre conquête. Et nous serons ses tributaires jusqu'à ce que nous ayons détruit en germe, l'élément de barbarie et de fanatisme, qui perpétue la résistance sous notre tutelle même.

Mais qu'est ce qui a pu paralyser ainsi l'action, en apparence irrésistible de tant de forces diverses, et multiples, convergeant vers un même but, la résurrection d'un pays étouffé dans les étreintes d'une barbarie séculaire et délétère ? Pourtant il n'y a ni impuissance matérielle, ni défaut de volonté de la part des vainqueurs.

Deux causes semblent avoir déterminé et devoir perpétuer cet échec permanent et ruineux.

La première c'est le respect excessif des vainqueurs pour l'esprit et l'opinion de nos temps sur les droits de la conquète.

La deuxiéme, c'est le fanatisme indomptable, l'état social et l'organisation guerrière et agressive des vaincus.

Le droit de conquète, sur les pays barbaresques, était acquis à l'Europe chrétienne depuis le jour où ces pays exercèrent contre elle toutes les avanies, toutes les dévastations d'une pyraterie systématique. Longtemps elle souffrit leurs déprédations et s'humilia jusqu'au tribut.

Enfin, la provocation et l'insulte ayant été poussées envers la France jusques aux voies de fait, celle-ci arma et conquit l'Algérie.

Je ne sais quelles furent les intentions ou les engagements des gouvernants de 1830. Quoiqu'il en soit, la conquète se fit superficiellement ; elle a été augmentée depuis, non moins superficiellement. Et cet de cet état de choses que nous avons seulement à nous occuper.

DU DROIT DE CONQUÈTE.

Le droit de conquète est de tous les droits celui qui varie le plus selon les époques, les mœurs, la civilisation des vainqueurs et des vaincus. De nos jours ce droit est soumis à bien des restrictions, à bien des ménagements, à bien des manœuvres préalables ou ultérieures. Il faut, aujourd'hui, que toute agression, que toute domination, soient revêtues d'un caractère de justice, d'opportunité ou de nécessité, qui démontre pleinement la légalité de la répression ou de l'absorption

La force ne peut plus s'imposer par sa brutalité seule. Il lui faut l'appui du droit et de l'opinion. Elle a donc à compter avec l'époque, avec son esprit et ses mœurs. Aussi, cette force peut-elle rester au-dessous de sa mission et manquer à la justice elle-même, pour trop vouloir la respecter.

C'est ce qui arrive à la France en Algérie depuis plus de 35 ans.

Si la France avait eu à faire à un peuple susceptible de fusion, d'assimilation, ou seulement de flexibilité, les moyens de persuasion, de justice et de douceur, fortement étayés qu'elle a employés jusqu'à ce jour, auraient amené depuis longtemps le triomphe de ses droits et la récompense de ses travaux.

Mais elle se trouve en présence d'une race immobile dans ses ténèbres. Ennemi irréconciliable de notre civilisation et du nom chrétien, l'Arabe puise, dans la sombre puissance de son fanatisme, des éléments implacables de résistance et d'agression. Né, élevé, organisé pour détruire, il parfait et entretien l'œuvre de destruction à laquelle il semble être fatalement attaché.

Qu'a-t-il fait du sol Algérien du nord de l'Afrique, qui, avant sa fatale conquête, était le pays le plus civilisé et le plus fertile du monde ? Un désert.........

Les Arabes sont-ils bien les légitimes possesseurs du pays qu'ils ont dévasté et qu'ils désolent encore ?

Est-ce que, après avoir converti par le sabre, à leur foi et à leurs croyances, en Kabyles et en Berbères, les maîtres du sol, ils ont apporté aux vaincus une civilisation supérieure, féconde ou du moins conservatrice ? Non ! Après avoir détruit sur cette terre de vie, le germe puissant de la grandeur, de la fusion et de la dignité humaine, que renferme la pensée chrétienne, ils ont rendu le sol, naguère si fécond, aux ronces et aux bêtes fauves des temps primitifs.

Sont-ce là des titres à une possession légitime?....

Et la France, après avoir sacrifié au scrupule de sa conscience et de l'époque, de quoi conquérir le monde; est-elle tenue à respecter plus longtemps l'œuvre séculaire et permanente de dévastation d'une population qui joint à tous les vices d'une civilisation pourrie, tous les instincts sauvages de la barbarie primitive?

De quel côté est donc le droit à la possession de cette terre jadis chrétienne, féconde et policée.

Est-il du côté de ses dévastateurs ou du côté de ses restaurateurs?

Toute la question est là.....................

La réponse n'est pas difficile. Le droit moral est donc à la France, qui n'a pas voulu que sa conquête fut seulement un acte heureux de la force, car elle a donné pour modérateur à cette dernière, les moyens qui substituent doucement à un état barbare ou inférieur, une civilisation supérieure et fécondante.

Mais il faut le dire, pour avoir trop voulu, en Algérie, faire marcher parallèllement ces deux éléments de la conquête moderne, la force et l'idée, nous avons échoué. Et cela parce que nous avons rencontré des éléments de résistance tels, qu'ils n'étaient compressibles ou maniables que par la force seule.

Tous les moyens employés depuis 1830 ont échoué. Guerre, politique, rigueurs, douceurs, répression, bienfaits. Toutes les conceptions de la sagesse, de la puissance et du génie de la France, sont venus se briser contre la nature des choses. L'Empereur lui-même y a mis sa forte main, et on lui a répondu par l'insurrection et l'incendie. Pourquoi?..............

Parce que entre l'Arabe nomade et nous, il n'y a point d'assimilation, point de fusion, point de transaction, point d'entente possibles.

Il réprésente l'ancien monde immobile obscur et féroce.

Nous sommes le monde nouveau, en marche dans la lumière et la perfectibilité.

Il est l'abrutissement, l'esclavage et le fanatisme,

Nous sommes le progrès, la liberté et la tolérance.

Il est l'asservissement par la violence

Nous sommes l'émancipation par la persuation.

Ainsi donc entre les deux races point de compromis posible. Il faut que l'une des deux supprime l'autre, ou la façonne à sa manière d'être et de faire.

La France a incontestablement le droit de neutraliser, de courber ou d'écarter par tous les moyens, les éléments qui entravent sa marche civilisatrice et sa colonisation dans ce pays, rendu par elle à l'humanité.

D'un autre côté, il est bien temps qu'elle fasse de l'Algérie autre chose qu'une chaîne qui déchire ses flancs ; qu'un boulet qui paralyse son essort et ses forces depuis plus de 35 ans.

Si la force doit être employée elle le sera, cette fois du moins, au service de la justice et de l'humanité. Elle qui a si souvent fait triompher l'injustice et l'iniquité.

Mais dira-t-on : forcer les arabes à changer leur habitudes vagabondes serait un acte d'oppression inouï ; et il est sûr que si on les consulte on verra qu'ils n'ont pas la moindre envie de se modifier. Nous répondrons : consultez les voleurs et les assassins qui se perpétuent

parmi nous ; et ils vous diront qu'ils sont dans le cas
de légitime attaque, et qu'ils ont le droit de vivre ainsi.
Voudriez-vous que la société leur reconnut ce droit?
Non, n'est-ce pas? Eh bien les arabes nomades sont
les malfaiteurs du nord de l'Afriqueet de la civilisation
au même titre que nos voleurs et nos assassins le sont
de la société en Europe. Seulement les nôtres, à leurs
risques et périls, fouillent et dévalisent quelques bour-
ses, suppriment, mais rarement, quelques existences sous
le coup d'une répression qui se fait rarement attendre,
tandis que les autres tiennent impunément sous leur
couteau et sous le pied de leurs chevaux l'initiation,
l'avenir et la vie d'un monde !

Donc le droit de la France à réaliser une indemnité
pour ses sacrifices et le salut du nord de l'Afrique est
incontestable.

Mais dans cette grande entreprise il y a plus qu'un
droit, il y a aussi un devoir !.... En effet, à cette
époque où l'on voit poindre le principe réparateur et
vivifiant de la solidarité des peuples, elle doit au commerce, à l'industrie, à la civilisation, à la morale uni-
verselle, de faire rentrer dans le courant humanitaire
cette terre que la barbarie en a détourné depuis tant
de siècles.

Bientôt chaque fraction de l'humanité aura vis-à-vis
des autres fractions les mêmes devoirs et les mêmes
droits qui incombent à l'individu vis-à-vis de ses semblables, c'est pourquoi la France qui, depuis 1789, a
charge d'initier et de précipiter les hommes et les choses
vers la grande réalisation, doit savoir et vouloir trouver
partout où sa main et son esprit s'étendent, les élé-

ments de force d'action qui sont nécessaires à son expansion et à l'accomplissement de sa mission.

Elle a donc le droit et le devoir de hâter le moment ou l'Algérie cessera d'être pour elle une charge ruineuse pour devenir un auxiliaire puissant.

Mais il n'y a point de vraie conquête sans l'assimilation au moins dans l'ordre matériel, et cette assimilation ne peut avoir lieu sans la sécurité.

Il faut donc qu'elle donne ce qu'elle n'a pu encore donner : la *Sécurité!* La sécurité sans laquelle rien n'est fécond en colonisation, en organisation ou en quoi que ce soit.

Plus tard, mais le plus tôt possible, elle donnera la liberté, cet élément colonisateur par excellence (et l'Angleterre l'a bien prouvé) ne pouvant s'appliquer tant que la protection immédiate et continue de la force sera une nécessité.

Pour obtenir cette sécurité, sans laquelle rien n'est possible, il faut nécessairement supprimer les éléments de révolte, de désordre et de résistance, qui entravent et paralysent sans cesse notre action.

Pour cette suppression, nous avons dit qu'on avait tout tenté, excepté pourtant les moyens que nous nous faisons un devoir de signaler et que nous voudrions voir apppliquer par l'ascendant, la persuation et au besoin par la force.

Ces moyens nous paraissent aussi simples que radicaux et sûrs.

Supprimer ou fixer la tente dans la tribu, c'est-à-dire, rendre sédentaires, sous la protection, la direction et la suprématie de notre puissancs et des lois, les populations errantes ou vagabondes.

Dans cette situation, les moyens d'attaque ou de
défense étant superflus et dangereux pour tous, désar-
mer les tribus dans la mesure nécessaire à la garantie
de l'ordre et de la paix ; afin qu'elles tournent leurs
forces et leur énergie vers la fécondation du sol, l'industrie et le commerce.

Tout est là ! mais comment y arriver ?

Jusqu'à ce jour on a suivi le système préconisé par
ce vieil adage d'une politique dure et sournoise :
« Diviser pour régner. »

Profitant des rivalités plus ou moins éphémères
que faisait naître entre les grandes tentes la possession
ou l'exploitation des pâturages ou des sites avantageux,
et surtout de l'avidité sordide des chefs, on a pu, par
moments, les armer les unes contre les autres, mais on
n'a jamais pu atteindre au vif l'essence elle-même du
principe qui préside à l'organisation agressive et toujours hostile de cette unité de bataille qu'on appelle la
tribu. Pourquoi ? Parce qu'au lieu d'attaquer au cœur
son organisation essentiellement rebelle à tout progrès,
à toute initiation, on l'a laissée intacte avec ses éléments de monstrueuse homogénéité. Ainsi elle s'est
trouvée libre de flotter et d'aller, compacte, d'un parti
à l'autre, selon que ses intérêts matériels ou son fanatisme primaient dans l'esprit ou dans l'âme de ses chefs.
Et voilà comment on a vu tour-à-tour et vis-à-vis de
nous, toutes les tribus, amies ou ennemies, auxiliaires
ou hostiles, fidèles ou traîtres, nous faire passer alter-
nativement de l'espoir et de la confiance, à la colère et
à la déception. Et ces choses s'éterniseront en Algérie
tant qu'on ne sapera pas, à sa basse elle-même, la

constitution organique de ces groupes sauvages et in-domptables.

D'ailleurs, en supposant que notre domination, plus nominale que réelle, pût se maintenir indéfiniment dans cet état de fièvre et d'instabilité, et qu'en flattant les appétits pillards d'une féodalité avide, nous puissions maintenir ce *statu quo* ruineux. Cette domination n'en sera pas moins précaire, la colonisation moins impossible et la guerre moins permanente. Et cela, tant qu'on n'aura pas supprimé d'une manière quelconque la vie nomade dans les tribus.

La création et la proclamation, par le chef de l'État, de la propriété individuelle dans les tribus, a été un grand acte de sagesse et de perspicacité politique. Ainsi se trouve ouverte la voie à l'agglomération et à l'organisation sédentaires.

Mais seule, en présence de l'autorité despotique, cupide, traditionnelle, et acceptée comme article de foi, des chefs et des marabouts, cette grande mesure avorterait si elle n'était suivie immédiatement de la suppression de la tente mobile dans les tribus.

Pour cette modification profonde et radicale des mœurs arabes, et comme auxiliaire irrésistible de la force, il faudra flatter et servir chez le plus grand nombre ce grand maître des actions humaines, que possède au même degré le cœur de tous les individus sauvages, barbares ou civilisés, et qu'on nomme *intérêt !*

Voilà l'unique base, l'unique centre d'action.

Pour que son attrait soit efficace.

Le partage impartial des terres étant accompli, obtenir la station permanente, par l'action combinée de la persuasion de l'intérêt et de la force.

Pour ce résultat capital, organiser la commune dans les tribus, de manière que l'élément populaire, démocratique, y tienne en échec l'influence féodale ou religieuse des grandes tentes et des marabouts fanatiques et fanatiseurs.

Proclamer l'égalité devant la loi de tous les individus, et la suprématie du travail sédentaire, de l'industrie et du commerce, sur les priviléges de la naissance ou de la mosquée.

Ainsi sera obtenue la scission entre la tête et les bras de la résistance et de la révolte.

Alors d'agresseurs, les Arabes deviennent protégés et soumis aux lois, s'adonnant au travail qui les grandit en bien-être et en dignité.

Alors la fusion entre les deux races, chrétienne et musulmane s'accomplit, non pas corps à corps, âme à âme, mais dans la paix et la concorde de l'intérêt commun du travail, de l'industrie et du commerce.

Tout autre moyen (et l'expérience l'a bien prouvé) nous semble impuissant ou infructueux.

Tous ces Agas, tous ces Scheiks, tous ces Cadis, tous ces Goums que vous soldez et qui sont aujourd'hui avec vous, vous combattront demain, pour peu qu'il vous croient embarrassés ou affaiblis, et ne sont d'ailleurs pour nous qu'un appui précaire et dangereux.

Il faut donc arriver à la concentration sédentaire, docile et féconde, des populations nomades, et ne concéder, ou ne confirmer, la propriété dans les tribus, qu'à la condition qu'elles s'établiront d'une manière permanente. Il est à croire que les Kabiles et la majeure partie des Berbères accèderont à ces légitimes exigences.

Peut-être en sera-t-il de même de toutes, ou de presque toutes les tribus nomades, dont notre contact, et l'exemple de notre supériorité, ont dû atteindre à un degré quelconque les mœurs et les habitudes.

Tous les rouages administratifs, judiciaires, militaires, français ou indigènes, qui fonctionnent actuellement, concourraient à la réalisation poursuivie de l'agglomération permanente.

Les bureaux arabes, cette magistrature à cheval qui a rendu de si grands services, peut en rendre de plus grands encore dans les actes préliminaires et précurseurs de l'organisation sédentaire.

Mais leurs attributions devront être modifiées parallèlement aux succès obtenus dans cette voie, pour leur autorité, être plus tard transféré à une magistrature plus en harmonie avec la vie civile et la liberté.

Si cette grande mesure d'assimilation ne pouvait être appliquée simultanément sur toute l'étendue du territoire, on pourrait procéder par province, ou sur une zône parallèle au littoral, ou dans un périmètre déterminé autour des centres d'action et d'expansion.

Ainsi s'établirait la sécurité, sans laquelle rien ne peut prospérer ni même se fonder.

Alors les bras et les capitaux européens accourraient, et l'œuvre avortée de la colonisation s'accomplirait enfin.

Contre les tribus qui ne se soumettraient pas à ces conditions de stations et de demeures permanentes, le rôle légitime de la force commence et procède par l'expropriation et l'exil.

Je le répète, en présence de la situation et du but à atteindre l'emploi de la force est plus qu'un droit, c'est un grand devoir.

Sans doute qu'il en coutera matériellement, et surtout moralement, d'en venir à de semblables extrémités. Mais l'époque et l'histoire appréciant les efforts inouis de patience et de longanimité ruineuses de la France, depuis plus d'un tiers de siècle, applaudiront à cet acte d'énergie qui doit rendre à la vie et à la civilisation une terre perdue.

FIN

Tarbes. — Imprimerie de PERROT-PRAT, place Marcadieu.